味に差がつく！

基本のだし

上賀茂 秋山
秋山直浩

PHP

はじめに

「秋山」の朝は、だしを取ることから始まります。

厨房に入ったら、まず野菜の下ごしらえ用の「昆布だし」、煮炊き用の「炊きだし」を取り、昼のお客様がお見えになるタイミングを見計らい、香り高い「一番だし」を取る。このころにはもう、店内いっぱいにだしの香りが広がっています。

そして、一番だしを取ったあとのかつお節と昆布を鍋に入れ、追いがつおをして二番だしを取り、夜の仕込みに使います。そして日が落ちるころ、再び一番だしを取って、夜のお客様をお迎えする。秋山の一日は、まさに「だしに始まり、だしに終わる一日」です。

天気や季節によって、食材の味は変化します。でも、だしさえおいしいものが取れていれば、どんな食材もごちそうに仕上がります。食材のいいところを高め、足りないところを補ってくれる。だしは、料理の必需品であり、なくてはならない相棒だと思います。

この本では、日ごろ秋山で作っている基本のだしと料理を家庭向けにアレンジし、紹介しています。ぜひ、毎日のお料理作りに取り入れてみてください。そして、だしの持つ「美味を引き出す力」を、存分にご堪能ください。

秋山　直浩

御料理秋山

味に差がつく！基本のだし

目次

季節の料理

だしをとったあとの かつお節と昆布の活用ワザ

第二章 晴れの日

本書の見方

本書の説明

だしの素材も料理に使う食材も、産地や季節によって若干味が変わってきます。その時々に合わせて、味を調整しましょう。

上手に作るためのポイント

■だしの濃度を調節する

…だし汁は、火を入れたり煮詰めたりするうち、水分が飛んで味が濃くなる場合があります。そんなときは、水、あるいは昆布だしで薄めると、ほどよい濃度に。また、料理ごとにだしの濃度を変えるだけで、味わいに変化ができます。

■調味料は味をみながら

…料理をおいしく仕上げるコツは、味見をしながら調味料を加減すること。素材やご家庭でお使いの調味料によってちがいがありますので、レシピの分量を目安に、自分の舌で試しながら味を調整したほうが、よりおいしくできます。

■基本料理を「展開」すればレパートリーが広がる

…第一章では、基本の料理を一品作り、そこから複数の料理に展開するワザもご紹介しています。手間をかけずに、食卓に一汁三菜を並べるヒントに。

■薬味をうまく使って

…柚子、こしょう、山椒、しょうがなどの薬味は、料理の味を引き締めてくれる名脇役。薬味を変えるだけで味が変化し、一つの料理を2倍楽しめます。

分量の目安について

- だしの量…分量に幅を持たせています。自分に合った味の濃さを、この範囲内で調整してください。
- 大さじ…15mℓ／小さじ…5mℓ
- ひとつかみ…片手で軽くつかむくらいの分量です。
- 少々…指でつまむ程度。調味料は、味をみながらひとつまみずつ加えてください。
- 適量…好みの量。味や彩りなどのバランスを取りながら分量を決めましょう。
- 適宜…好みやその時々の必要に応じて材料を入れてください。

料理用語について

- 炊く＝煮ることです。関西ではよく、煮ることを「炊く」と言います。
- 味を含ませる＝たっぷりとした煮汁で味を染み込ませることです。

材料の切り方

- 野菜を洗うなど作り方には記していませんが、事前に行ってください。
- くし形切り…食材の中央を中心に、6等分、8等分に切り分け、くしの形にする。
- 角切り…サイコロのように四角い形になるよう、食材の縦横に包丁を入れて切っていく。

調理家電について

- 電子レンジの加熱時間は機種によって異なります。お使いの機種によって加熱温度や時間を調整してください。

材料の表記について

- 米味噌は一般的に販売されている、米、大豆、塩を原料として作られたものです。
- 水溶き葛粉または片栗粉の水との割合は、水1：葛粉1、水2：片栗粉1の割合で溶きましょう。秋山ではだしや料理にとろみをつけるとき、葛を使うことが多いです。葛は片栗粉に比べて、冷めてもとろみが残り、特に冷たい料理に最適です。ご家庭に葛がない場合は、片栗粉を代用してください。

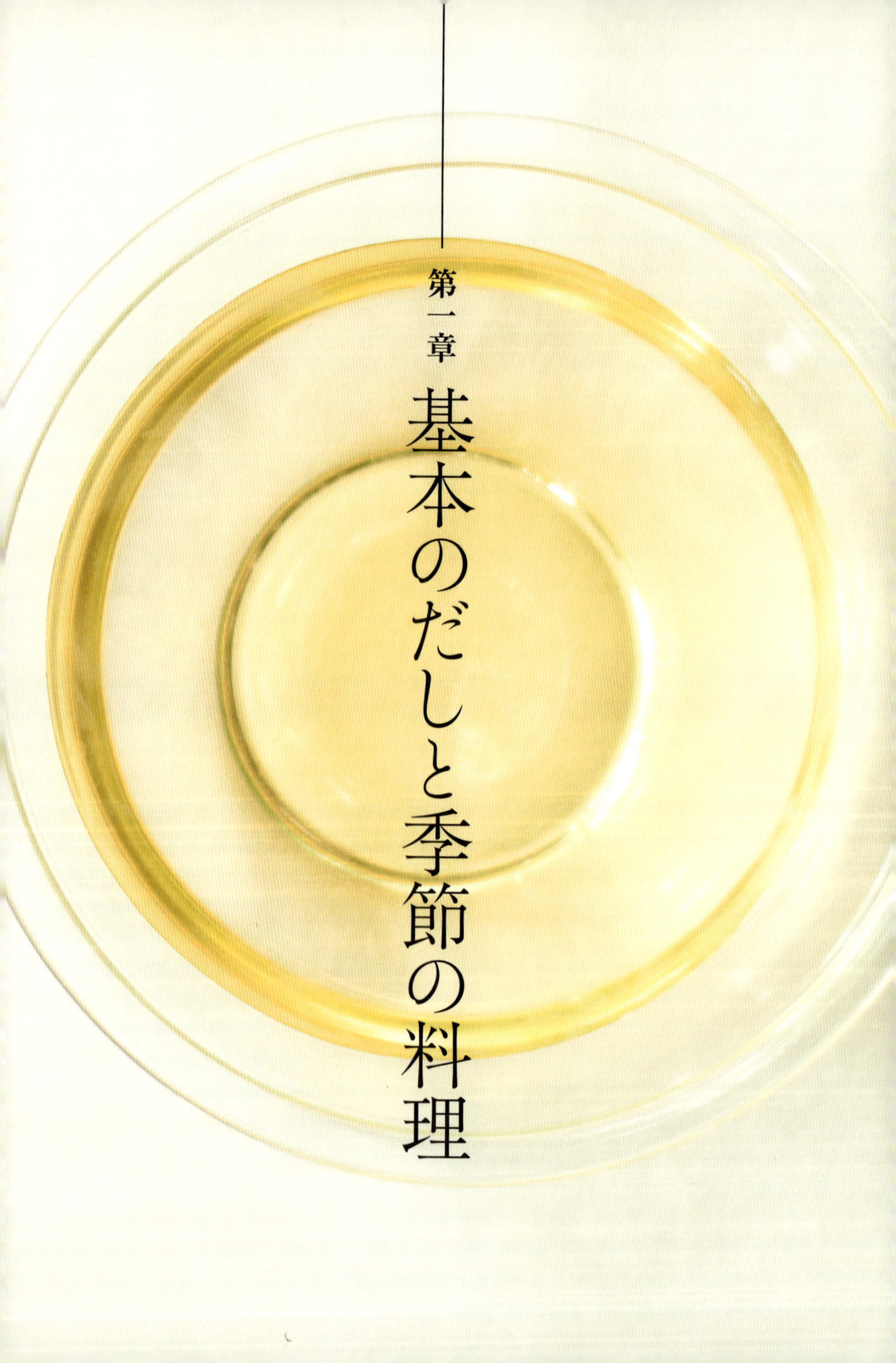

第一章 基本のだしと季節の料理

おいしい料理に欠かせないのが、
昆布、かつお節、干し椎茸などの
山海の素材を使った「基本のだし」。
基本のだしがおいしく取れると、
お料理の味も一つ上に仕上がります。

基本のだし

昆布だし

昆布だしは、すべての味のベースとなる〝縁の下の力持ち〟。きちんと取れば、あらゆるお料理の味を引き立ててくれます。

だしの中で、最もクセがなく、あっさりしている昆布だし。でも、うま味成分をたっぷり含んでいるため、昆布だしをきちんと取るかどうかで、料理の出来映えが変わってきます。

かつおだしとの相性が抜群で、何百年も前から昆布だしとかつおだしを合わせたものが使われてきました。昆布だしが良いと、かつおは市販のパックでもいいくらい。そのくらい、昆布だしは重要なのです。昆布の産地も大事ですが、それよりも大事なのが、肉質を見極めて使い分けること。やわらかいものは水につけて、かたいものはグラグラ、中くらいのものは低温でじっくり火にかけると、良いだしが取れます。

材料（作りやすい分量）

煮出し
- 水…1000ml
- 真昆布または利尻昆布…10g

水出し
- 水…1000ml
- 羅臼昆布…10g

煮出しの作り方

昆布は流水、または濡れふきんで表面の汚れを落とす。汚れを取った昆布に、キッチンバサミでジグザグに切り込みを入れる。

鍋に水と昆布を入れ、20〜30分おく。
※夏は20分、冬は30分くらいを目安に、季節によって時間を調整する。

②を中火にかけ、沸騰したらアクを取る。昆布に爪が食い込む程度にやわらかくなったら火を止める。

水出しの作り方

昆布は流水、または濡れふきんで表面の汚れを落とす。汚れを取った昆布に、キッチンバサミでジグザグに切り込みを入れる。

水と①の昆布を容器に入れて冷蔵庫でひと晩おく。

ポイントなど

真昆布には甘みがあり、利尻昆布はすっきりしているので、料理に合わせて組み合わせることで、ちょうど良いだし加減になります。羅臼昆布など、肉質のやわらかい昆布は、水出しで、十分にうま味が取れます。

基本のだし

一番だし・二番だし

かつお節と昆布のおいしさが生きた一番だし。上品で繊細な、日本が誇る「和の極上スープ」です。

昆布とかつおの〝おいしいとこ取り〟をしたのが、一番だしです。かつおだしはうま味の強いだしですが、人によっては「酸っぱい」と感じることがあります。でも、そこに昆布だしが加わることで相乗効果が生まれ、丸みのあるお吸い物にぴったりなだしが出来上がるのです。

良いかつおだしを取るポイントは、かつお節の削り方にあります。薄削りの花かつおは、うま味が出やすい反面、風味が飛びやすいので、早めに使い切りましょう。一方、厚削りのかつお節は、うま味成分が高く、風味も飛びにくく、日もちもします。

二番だしは、一番だしを取ったあとのかつお節と昆布から、うま味を取り出し、さらに追いがつおをしたもの。煮炊き用に向いています。

■材料（作りやすい分量）

一番だし

- 水…1000mℓ
- 真昆布…8g
- 利尻昆布…10g

※昆布は1種類でもだしは取れますが、2種類使うことで、味により深みが出ます

- かつお節…30g
- 塩…ひとつまみ

二番だし

- 水…必要な分量
- 一番だしを作ったときのかつお節と昆布…全量
- かつお節…適量

※厚削りのかつお節がおすすめ

■一番だし作り方

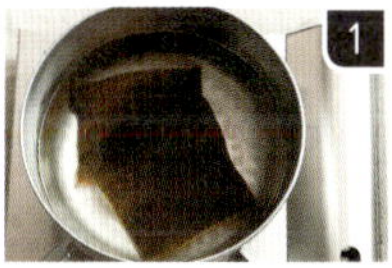

鍋に水を入れ、2種類の昆布を1～2時間つける（夏場は時間を短めに）。

①を火にかけ、60～70℃で30～40分煮出したあと、まず真昆布を引き上げる。

強火にして沸騰したまま5～10分煮て、利尻昆布に爪が食い込むほどやわらかくなったら引き上げる。

火を止めて差し水（分量外）をし、湯温をやや下げる。

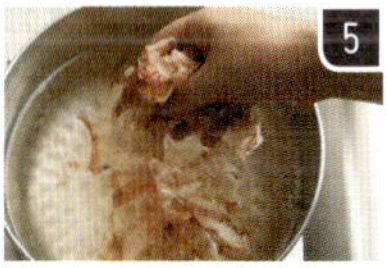

かつお節を入れ、浮いてくるアクを丁寧に取る。

塩を入れて味見をし、ペーパータオルを敷いたザルでこす（このとき、かつお節をしぼらない）。

■二番だし作り方

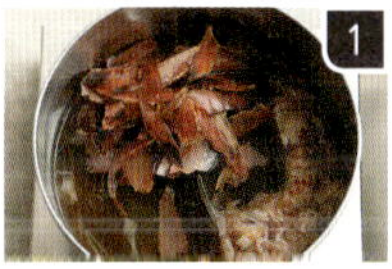

鍋に水と一番だしを取ったあとのかつお節と昆布を入れさらに追いがつおを入れる。好みで昆布を足す。強火にかける。

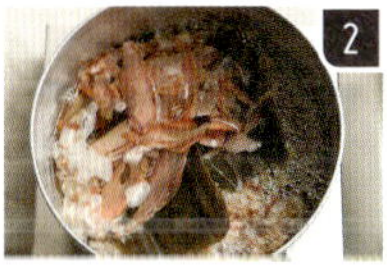

沸騰したら、そのまま5～10分グラグラ煮る（花かつおなら2～3分でよい）。味をみて、足りなければかつお節を足す。

ペーパータオルを敷いたザルでこす（箸などでかつお節を押さえて、だしをしぼってもよい）。

一番だしは取ってすぐに使うのが理想。時間が経つにつれて風味が落ちるので、料理に使う直前に取りたいものです。また、一番だしに使ったかつお節も、時間とともに酸味が立ち、蒸れたような風味になるので、その日のうちに二番だしに使い切りましょう。

基本のだし

炊きだし

煮炊き物には欠かせない、普段づかいのだし。たっぷり取って、さまざまな料理に使ってください。

炊きだしは、だしの種類としては二番だしといっしょです。二番だしが「一番だしを取ったあとに作る煮炊き用のだし」だとすれば、炊きだしは、「一番だしを取らずに作る煮炊き用のだし」です。しっかりとしたうま味があるので、とても用途が広く、煮物のほか、めんつゆ、天つゆ、和え物のだしなど、いろいろな料理に使えます。

作るものに合わせて濃さを調整できるのも、炊きだしの良さ。普段は平均的な濃さのだしを取っておき、濃いめにしたいときだけかつお節を多くすれば、ガツンとしたうま味のあるだしが取れます。

■材料（作りやすい分量）

- 水…1000mℓ
- 厚削りかつお節
  または
  花かつお…75～85g
- 昆布…10g

■作り方

鍋に水と昆布、かつお節を入れ火にかける。

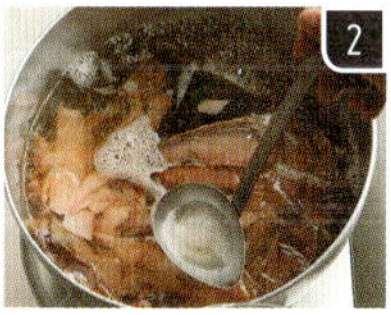

沸騰したら、厚削りのかつおぶしなら5～10分、花かつおなら1～2分煮る。味をみて、足りなければかつお節を足す。

ペーパータオルを敷いたザルでこす。箸などでかつおぶしを押さえ、だしを軽くしぼる。

料理のときに大活躍するのが「追いがつお」。炊きだしにさらにプラスするかつお節のことです。だしの味がちょっと薄いな、と感じたときは、追いがつおをすることで、うま味がぐっと高まります。ガーゼにくるんで使うのがポイント。こうすればかつお節が散らばらず、引き上げるときもラクです。

また、鶏皮や焼き穴子の頭、干しえびや焼いたえびの頭などを入れると、さらにおいしさが増します。料理で余った鶏皮やえびの頭は冷凍保存しておきましょう。

濃いめのだしは、うどんやたけのこなど、水分の多い食材と合わせるのにぴったり。いろいろな食材からだしが出る炊き合わせやおでんには、平均的な濃さが最適です。

基本のだし

魚のあらだし

魚のうま味がたっぷり溶け込んだ、海の幸だし。
いろいろな魚でだしを取ると、味のバリエーションが広がります。

野菜を炊くときに重宝するのが、魚のあらだしです。鯛のあらから取るだしが上品で使いやすいですが、鮭、さば、ぶり、ハモなどを使ってもおいしいだしが取れます。厚揚げや焼き豆腐とも相性が良く、松茸、玉ねぎなどを料理してもおいしく仕上がります。

あらには臭みがあるので、塩をふり、こんがり焼いてから使うのがコツ。焼くことで香ばしさが増しますし、余分な脂を落とすこともできます。あらゆる魚からあらだしは取れると思いますが、クセがあるなと思ったら、お味噌汁にするのがおすすめです。味噌の香味によってクセが抑えられ、魚のうま味が引き立ちます。

■材料（作りやすい分量）

- 水…1000mℓ
- 鯛や鮭などの魚のあら…1尾分
  ※塩をふって20～30分おき、流水で洗う。
- 昆布…10g
- 酒…大さじ3
- 塩…少々
- しょうがの皮、ねぎなど…適宜

■作り方

1 魚は余分な水気をペーパータオルでふき取り、グリルで軽く焼き色がつくまで焼く。水と昆布、酒を入れた鍋に魚を入れ、火にかける。

2 お好みでしょうがの皮やねぎなどを入れ、コトコトする火加減で20～30分煮る。塩少々で味を調える。

3 ペーパータオルを敷いたザルでこす。

しょうがの皮、ねぎ、野菜のへたなどを入れると、魚の臭みが取れ、すっきりとしたあらだしが取れます。魚を一尾買ったら、身は料理に、あらはだしに。中でも、ハモの頭や骨で取っただしでハモちりをすると、ワンランク上の味を楽しめます。

基本のだし

貝のだし

ほどよい味のアクセントとなってくれる貝だし。スープにも調味料としても使えるのがうれしいところです。

濃厚なうま味のある貝のだしは、料理の味わいに厚みを持たせたいときに使うと、絶妙な滋味を醸し出してくれます。意外なほど使い勝手が良く、料理の隠し味に、汁物やスープにすれば主役にもなります。

素材としてベストなのは、あさり。手頃な値段で買い求めることができるので、コストをかけずに上質なだしを取ることができます。ちょっと贅沢をしたいときは、はまぐりでだしを取ると、料理の味が格段に良くなります。なお、お値段は張りますが、アワビで取っただしは最高です。煮詰めて余計な水分を飛ばせば、貝のうま味が凝縮されます。

材料（作りやすい分量）

- 水…1000mℓ
- あさり…1kg
- 昆布…20g
- 酒…400mℓ

作り方

あさりは流水で洗ったあと、塩水（3%くらい）を張ったボウルにザルごとひたし、砂抜きする。

鍋に水、砂抜きしたあさり、酒、昆布を入れて火にかける。

沸騰したらアクを取り、コトコトと20〜30分煮る。

火を止め、鍋のまま氷水で冷ます。

ペーパータオルを敷いたザルでこす。

再度火にかけ、好みの濃さになるまでとろ火で煮詰める。すぐに使わないときは、しっかり冷まして、冷蔵庫で保存する。

貝が安いときにまとめ買いし、だしを取って煮詰めたものをポリ袋、さらに保存袋に入れて、冷凍保存しておけば、必要なときにさっと使うことができます。

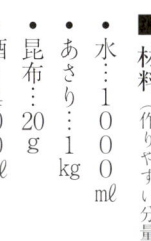

基本のだし

干し椎茸のだし

食材に豊かなコクをあたえてくれる椎茸だし。
水出しなので手間いらずの上、幅広い料理に使えます。

干し椎茸を水でもどしたあとに残るのが、干し椎茸のだし。琥珀色がきれいで、置いておくだけでキッチンの差し色になります。しかも腐りにくく、2週間程度の保存にも十分に耐えられます。

椎茸は、部位によって味わいが違います。傘の部分は風味が豊かで、軸の部分は甘みが豊富。ですから、軸を多めに使うと、甘めのだしに仕上がります。

干し椎茸のだしは、昆布ともよく合います。お互いに傷みにくい食材なので、日持ちする上、じっくりと水にうま味が溶け出します。冷蔵庫に入れておけば、使いたいときにさっと使えるのも魅力です。

■材料（作りやすい分量）

- 水…1000㎖
- 干し椎茸…40g

■作り方

1 干し椎茸は軽く流水で洗い、ほこりなどを取りのぞく。適量の水（分量外）に5〜10分ほどつけたあと、椎茸を取り出す。

2 密閉容器に分量の水と①の椎茸を入れ、冷蔵庫でひと晩おく。

昆布入り椎茸のだし

干し椎茸と水を入れた密閉容器に、昆布を一片入れておくと、昆布のうま味が加わったおいしい椎茸だしが出来上がります。甘みのあるだしが取れる干し椎茸の軸は、捨てずに取っておきましょう。

野菜と昆布だし

昆布だしで 野菜のしたごしらえ

野菜を昆布だしにつける。
この「ほんのひと手間」が、食材のおいしさを増してくれます。

昆布だしには、ほどよいうま味を食材にプラスする働きがあります。特に野菜は、昆布だしにつけ込むと、それだけでおいしさが一段とアップ。甘みやうま味も増します。

ところで、なぜかつおだしではなく、昆布だしにつけるのでしょうか。それは、かつおだしには酸があるため、つけておくと野菜の色がとびやすくなるからです。反面、クセがなく、ほのかな甘みのある昆布だしは、鮮やかな色を保ちながら、素材の持ち味を引き出してくれます。野菜のアクを抜く効果があるともいわれています。

■材料（作りやすい分量）

- 昆布だし…1000㎖（P10参照）
- 好みの野菜…適量
- 塩（水塩）…10g

■作り方

❶野菜は下ゆでして氷水で冷やし、色どめする。

❷塩を加えた昆布だしに①の野菜をつける。

季節の椀物

季節の椀物　昆布だし

春

蛤の潮汁

はまぐりのだしを余すところなく味わえます。
野菜を添えればより華やかに。

作り方はP28

季節の椀物

夏

一番だし

蛸とズッキーニの真薯

タコは夏を感じさせる食材。
真薯にすることで風味が豊かになります。

作り方はP28

季節の椀物

秋

一番だし

鯵のつみれ汁

刺身にできるくらい新鮮なアジを使うのがコツ。上質な味に仕上がります。

作り方はP29

季節の椀物

冬

一番だし

イカの薩摩揚げ汁

イカ天のような味わいにだしがよく合います。
ごぼうを加えればかき揚げ風に。

作り方はP29

蛤の潮汁

■材料（4人分）

- 濃いめの昆布だし…600〜800mℓ（P10参照）
- 昆布だし…適量（P10参照）
- はまぐり…8個　・豆腐…1／2丁

ⓐ・塩、薄口しょうゆ、酒…各少々

- 黒こしょう、木の芽…適宜

> 下ゆでし、昆布だしにつける（P22参照）
> ・大根、小松菜、にんじん…各少々

■作り方

❶はまぐりは流水で洗ったあと、塩水（3%くらい）を張ったボウルにザルごとひたし、砂抜きする。

❷大根とにんじんは薄切り、小松菜は食べやすい長さに切る。

❸豆腐は4等分に切り、ごく弱火にかけた昆布だしで温めておく。

❹鍋に濃いめの昆布だしと、はまぐりを入れ、沸騰し口が開いてだしが出たら、ペーパータオルを敷いたザルでこしⓐの調味料で味を調える。

❺②の野菜を電子レンジで温める。

❻器に③と⑤、殻から取り出したはまぐりを入れ、④のだしを注ぐ。

❼お好みで黒こしょうをふり、木の芽を添える。

蛸とズッキーニの真薯

■材料（4人分）

- 一番だし…600mℓ（P12参照）
- 二番だし…適量（P12参照）
- ズッキーニ…1／3本
- じゃがいも…中1個
- 水溶き片栗粉…適量
- 魚のすり身…200g
- 昆布だし…少々（P10参照）
- 山芋、卵白…適宜　・ゆでタコ…50g

ⓐ・塩、薄口しょうゆ…各少々

> 下ゆでし、昆布だしにつける（P22参照）
> ・スナップえんどう…8本　・さやいんげん…2本　・柚子…適量

■作り方

❶ズッキーニはさいの目に切り、塩（分量外）をまぶし、しんなりさせる。じゃがいもは千切りにして水にさらす。

❷じゃがいもをザルにあげ、余計な水分をペーパータオルでふいて、片栗粉（分量外）をまぶす。

❸湯（分量外）を沸かし、水溶き片栗粉でとろみをつける。余分な片栗粉を落としたじゃがいもを入れ、火が通ったら氷水を張ったボウルに移し、冷めたら水気をきる。

❹魚のすり身と昆布だしをフードプロセッサーに入れ、なめらかになるまで混ぜる。粘りけが少ないときは、すりおろした山芋と卵白を加え混ぜて、ボウルに移す。

❺食べやすい大きさに切ったタコと水気をしぼったズッキーニを④に加えて混ぜ合わせる。ラップを敷いたバットに丸めて並べ、蒸し器で強火で約4分、弱火で約3分蒸す。

❻ⓐの調味料で味付けした二番だしで③を温め直す。

❼すべての具材を器に盛り付けて、塩、薄口しょうゆ、酒少々（分量外）で味を調えた一番だしを注ぎ、すり柚子をふる。

鯵のつみれ汁

■材料（4人分）

【アジのつみれ】

・一番だし…600㎖（P12参照）
・二番だし…1300～1800㎖（P12参照）
・しめじ…80g
・ごぼう…1～2cm
・酒…大さじ1
・塩…少々
・薄口しょうゆ…少々
・アジの切り身…200g
・卵黄…1個分　・片栗粉…5g

下ゆでし、昆布だしにつける（P22参照）
・ほうれん草…2束　・オクラ…4本

・ゆでたシソの実または実山椒、青シソ…適量

■作り方

❶ごぼうは細かい千切りにして水にさらす。
❷鍋に酒を入れてアルコールが飛ぶまで煮立たせ、二番だし300㎖と、しめじを入れ、ひと煮立ちさせて、塩、薄口しょうゆで味を調える。
❸アジ、シソの実（実山椒、青シソ）、卵黄、片栗粉はフードプロセッサーに入れ、なめらかになるまで混ぜる。ボウルに移し、①を加えて混ぜる。
❹別の鍋に残りの二番だしを入れて火にかけ、塩と薄口しょうゆ少々（分量外）で味を調え、③をスプーンですくって入れる。
❺④が浮いてきたらすくい上げ、器に盛り付ける。温めたほうれん草、②、オクラを添える。塩、薄口しょうゆ、酒少々（分量外）で味を調えた一番だしを注ぐ。

イカの薩摩揚げ汁

■材料（4人分）

・一番だし…600㎖（P12参照）
・イカ…150g
・魚のすり身…少々
・卵黄…1個分　・卵白…1／2個分
・片栗粉…4g
・白ねぎ…1／2本
・サラダ油…適量　・揚げ油…適量

下ゆでし、昆布だしにつける（P22参照）
・にんじん…適量　・ほうれん草の軸…2本　・水菜…1束

・柚子…適量

■作り方

❶イカと魚のすり身はフードプロセッサーで粗めにつぶす。
❷ボウルに①、卵黄、卵白、片栗粉を入れよく混ぜる。
❸②をスプーンですくいながら、170℃の油でカラリと揚げる。
❹ねぎは大きめの小口切りにし、油をひいたフライパンでこんがり焼く。水菜とほうれん草の軸は食べやすい長さに切り、にんじんと柚子は飾り切りにする
❺すべての具材を器に盛り付け、塩、薄口しょうゆ、酒少々（分量外）で味を調えた一番だしを注ぐ。

秋　すりおろしたしょうがを加えると風味が増します。

季節の味噌汁

季節の味噌汁

炊きだし

春

筍とわかめの味噌汁

春の風味たっぷり。具に食べごたえがあるので、おかず椀にもなります。

作り方はP34

季節の味噌汁　炊きだし

夏

ミニトマトの冷たい味噌汁

赤だしにトマトのさわやかさが溶け、
さっぱりとした味わいに仕上がります。

作り方はP34

季節の味噌汁

秋

炊きだし

秋茄子と豚ときのこの味噌汁

味噌汁に柑橘類をしぼるのは大分県の食べ方。
まろやかな酸味が絶妙です。

作り方はＰ34

季節の味噌汁

冬

炊きだし

鮭の粕汁

甘くなりすぎないよう、
白味噌のほかに米味噌を使うのがミソ。

作り方はP35

筍とわかめの味噌汁

■材料（4人分）

・炊きだし…600〜800㎖（P14参照）
・わかめ（塩蔵）…100g
・鶏もも肉…80g
・ゆでたけのこ…150g
・白味噌…5g
・赤味噌…15g
・米味噌…15g
・木の芽…適量
・サラダ油…適量

■作り方

❶わかめは塩を流水で洗い流し、爪が立つ程度にゆでで水にさらす。筋を取り、食べやすい大きさに切る。
❷フライパンに油をひき、鶏もも肉の皮目を下にして焼く。箸などでギュッと押し付け、皮に焼き色をつけたあと、一口大に切る。
❸鍋に炊きだしと食べやすい大きさに切ったたけのこを入れて中火にかける。①と②を入れる。
❹鶏もも肉に火が通ったら、弱火にしてすべての味噌を溶き入れる。
❺器に盛り付け、木の芽を添える。

ミニトマトの冷たい味噌汁

■材料（4人分）

・炊きだし…600〜800㎖（P14参照）
・玉ねぎ…1個
・米味噌…10g　・赤味噌…20〜30g

下ゆでし、昆布だしにつける（P22参照）
・オクラ…2本／湯むきしたミニトマト…12個

・みょうが…適量
・粉山椒…適宜

■作り方

❶鍋に炊きだしを入れ、薄切りにした玉ねぎを加えて火にかける。
❷玉ねぎに火が通ったら、弱火にしてすべての味噌を溶き入れる。
❸ミニトマトを加え、軽くひと煮立ちさせたら火を止めて、鍋ごと冷ます。
❹器に盛り付け、小口切りにしたオクラ、刻んだみょうがを添え、お好みで粉山椒をふる。

秋 刻んだきゅうりを入れるのもおすすめ。清涼感が増しておいしいです。

秋茄子と豚ときのこの味噌汁

■材料（4人分）

・炊きだし…600〜800㎖（P14参照）
・なす…1本
・好みのきのこ…120g
・豚薄切り肉…80g

下ゆでし、昆布だしにつける（P22参照）
- 小松菜…2束

- 信州味噌または米味噌…30〜40g
- 新しょうがまたは普通のしょうが…1かけ
- かぼす、またはすだち…適量
- サラダ油…適量

■作り方

❶なすを一口大に切り、フライパンでしんなりするまで両面を焼き、ペーパータオルで余分な油をきる。

❷鍋に炊きだしを入れて火にかけ、沸騰したら中火にし、①、食べやすい大きさに切ったきのこと豚肉を入れる。

❸なすときのこに火が通ったら、弱火にして味噌を溶き入れる。

❹③と小松菜を器に盛り付け、千切りにした新しょうがを添え、かぼす、またはすだちをしぼる。

鮭の粕汁

■材料（4人分）
- 炊きだし…800〜1000㎖（P14参照）
- ごぼう…1／2本
- さつまいも…小2／3本
- 油揚げ…1／2枚
- かぶら、または大根…180g
- 焼き鮭の切り身…2切
- なめこ…70g
- 青ねぎ…1本
- 米味噌…10g　・白味噌…50g
- 酒粕…30g
- サラダ油…適量

■作り方

❶ごぼうは薄切りにして水にさらす。さつまいもは一口大の乱切り、油揚げは短冊切り、かぶらは4等分に切る。

❷焼き鮭は2等分し、油をひいたフライパンで軽く焼いて焼き色をつける。

❸鍋に炊きだしを入れ、ごぼう、さつまいも、かぶらを加えて火にかける。野菜に火が通ったら、なめこ、油揚げ、焼き鮭を加える。

❹味をみながら、すべての味噌と酒粕（かたければ水でふやかしてから入れる）を溶き入れる。

❺器に盛りつけ、小口切りにした、青ねぎを添える。

秋　鮭の頭や中骨があれば、焼いてだしを取ればより一層うま味が増します。

季節の料理

その季節を代表する旬の野菜。
だしをうまく使えば、
一つの野菜からいくつもの
アレンジ料理が完成します。
野菜とだしは、仲の良い関係。
お互いを合わせることで、
うま味と香りが花咲きます。

春

炊きだし

筍の炊いたん

作り方はP38

筍揚げわかめあん

炊きだし

作り方はP38

焼き筍とわかめご飯

炊きだし

作り方はP39

基本の料理

筍の炊いたん

オーソドックスなたけのこの煮物。
たけのことだしのうま味を堪能できます。

■材料（4人分）
・炊きだし…400〜600㎖（P14参照）
・差し昆布…3〜5g
・追いがつお…適量
・ゆでたけのこ…250g
・酒…大さじ2
・みりん…大さじ1
・薄口しょうゆ…小さじ2〜3
・塩…小さじ1／2
・木の芽…適宜

■作り方
❶たけのこは食べやすい大きさに切り分ける。穂先はくし形に、根元はいちょう切りにするときれい。（旬のたけのこは生からゆでると風味豊か）
❷鍋にたけのこと酒を入れ、アルコールが飛ぶまで煮立たせる。
❸炊きだし、差し昆布、追いがつお（ガーゼに包んだもの）を入れ、煮立ったらみりんを入れて5分煮る。
❹薄口しょうゆ、塩を入れて10〜15分煮る。
❺火を止め、差し昆布を取り出して冷ます。
❻器に盛り付け、お好みで木の芽を添える。

アレンジレシピA

筍揚げわかめあん

「筍の炊いたん」のアレンジ版。たけのこをカラリと揚げることで、おいしさが引き立ちます。

■材料（4人分）
・基本の料理「筍の炊いたん」
【わかめあん】
・炊きだし…80㎖（P14参照）
・わかめ（塩蔵）…100g
・酒…大さじ1　・塩…小さじ1／4
・薄口しょうゆ…小さじ1／2
・水溶き葛粉または片栗粉…適量
【天ぷら衣】（作りやすい分量）
・薄力粉…120g
・卵黄…小1個分
・冷水…200㎖
・揚げ油…適量

■作り方
【わかめあん】
❶わかめは水に戻して塩抜きし、水気をきって一口大に切る。
❷鍋に①と酒を入れ、アルコールが飛ぶまで煮立たせる。
❸炊きだし、塩、薄口しょうゆを入れてひと煮立ちさせる。
❹水溶き葛粉または片栗粉を入れてとろみをつける。
【揚げたけのこ】
❶「筍の炊いたん」のたけのこの汁気をペーパータオルでふき取る。

❷①に薄力粉（分量外）をまぶす。
❸「天ぷら衣」の材料を混ぜ合わせて②につけて、180℃の油でカラリと揚げる。
❹器に盛り付け、「わかめあん」をかける。お好みで木の芽を添える。

アレンジレシピB
焼き筍とわかめご飯

たけのこを炒り煮にして白ご飯にのせるだけの〝炊き込まないたけのこご飯〟です。

■材料（4人分）

- 炊きだし…100㎖（P14参照）
- 酒…大さじ2
- 濃い口しょうゆ…大さじ2
- みりん…大さじ3〜4
- ゆでたけのこ…200g
- アレンジレシピAの「わかめあん」
- ご飯…2合分
- 木の芽…適宜
- サラダ油…適量

秋 差し昆布は、炊きだしに昆布を一片加えることで、うま味が増します。
たけのこは濃いだしとの相性が抜群。炊きだしだけでなく、追いがつおを加えることで、だしの味に厚みが増し、深みが出ます。

■作り方

❶ゆでたけのこの汁気をペーパータオルでふき取る。
❷フライパンに油をひき、軽く焼き目がつくまで焼く。
❸②に炊きだし、濃口しょうゆを加え、強火で煮立たせる。
❹煮汁が少し残る程度まで煮たら、たけのこをご飯に盛りつけ、「わかめあん」を乗せて煮汁をかける。
❺お好みで木の芽を添える。

干し椎茸のだし

高野豆腐とえんどう豆の炊いたん

作り方はP42

干し椎茸のだし

焼き高野豆腐の卵とじ

作り方はP43

基本の料理

高野豆腐とえんどう豆の炊いたん

干し椎茸のだしをたっぷり含んだ高野豆腐は、コクとうま味が格別です。

■材料（4人分）

- 干し椎茸のだし…500㎖（P20参照）
- 差し昆布…4g
- 砂糖…25g
- 塩…6g
- 高野豆腐…40g
- えんどう豆（実）…40g

■作り方

❶えんどう豆はやわらかくなるまでゆがき、ぬるま湯にさらす。

❷干し椎茸のだし、差し昆布、塩、砂糖を鍋に入れて軽く煮立たせ、戻して水気をきった高野豆腐を入れ約10分、コトコト炊く。

❸火を止めて冷ます。

❹水をきったえんどう豆を③の煮汁にひたし、1～2時間つける。

❺高野豆腐とえんどう豆をいっしょに盛り付ける。

(秋) ゆがいたえんどう豆は、水にさらして急激に冷ますと、表面にシワが寄ります。ツルンとつややかに仕上げたい場合は、ぬるま湯か少量の流水で冷ましましょう。

アレンジレシピ

焼き高野豆腐の卵とじ

「高野豆腐とえんどう豆の炊いたん」のアレンジメニュー。たくさん作った翌日にどうぞ。

■材料（4人分）

- 基本の料理「高野豆腐とえんどう豆の炊いたん」
- 薄口しょうゆ…少々
- 卵…2個
- サラダ油…適量

下ゆでし、昆布だしにつける（P22参照）
- 絹さや…適量

■作り方

❶「高野豆腐とえんどう豆の炊いたん」の高野豆腐の汁気をペーパータオルでふき取る。

❷フライパンに油をひき、高野豆腐を焼き色がつくまで焼く。

❸鍋に②と煮汁を入れ、少し煮詰める。途中味をみながら、薄ければ薄口しょうゆを足す。

❹えんどう豆を入れる。

❺ボウルに卵を割り、③の鍋に卵白、卵黄の順に溶き入れる。卵がお好みの加減になったら、火を止める。

❻器に盛り付け、絹さやを添える。

！卵とじにするときは、卵白を先に入れ、ほどよく火が通ったところで卵黄を入れると、ちょうどよい半熟加減になります。

秋 かつおだしで炊くと、少し味がくどくなる高野豆腐。干し椎茸だしで炊くと、上品なコクが加わり、滋味豊かな一品に仕上がります。

炊きだし

玉ねぎと豚バラ

作り方はP46

炊きだし

冷やし玉ねぎ田楽

作り方はP46

炊きだし

玉ねぎスープ

作り方はP47

基本の料理

玉ねぎと豚バラ

だしで炊くことで、脂っこい豚バラがさっぱりと仕上がります。

■材料（4人分）

- 炊きだし…500〜600㎖（P14参照）
- みりん…50㎖
- 薄口しょうゆ…30㎖
- 玉ねぎ…2個（650g）
- 豚バラスライス肉…100g

下ゆでし、昆布だしにつける（P22参照）
- スナップえんどう…適量

- しょうが…適量

■作り方

❶玉ねぎをくし形に、豚肉は食べやすい大きさに切る。
❷鍋に玉ねぎと炊きだしを入れて煮立たせる。
❸豚肉を入れ、あくを取りながら煮る。
❹みりんと薄口しょうゆを入れて味を調える。
❺豚肉に火が通り、玉ねぎがやわらかくなったら火を止める。
❻器に盛り付け、スナップえんどうと千切りにしたしょうがを添える。

アレンジレシピA

冷やし玉ねぎ田楽

薄味の玉ねぎに、たっぷりと盛った田楽味噌がよく合います。

■材料（4人分）

- 基本の料理「玉ねぎと豚バラ」の玉ねぎ

下ゆでし、昆布だしにつける（P22参照）
- いんげん…適量

- 田楽味噌…適量（P47参照）
- 柚子…適宜

■作り方

❶「玉ねぎと豚バラ」の玉ねぎを冷まし、器に盛り付け、田楽味噌をのせる。
❷小口切りにしたいんげんを添え、お好みですり柚子をふる。

アレンジレシピB

玉ねぎスープ

玉ねぎの甘み、うま味を閉じ込めた一品。食欲のないときにもぴったりです。

■材料（4人分）
- 基本の料理「玉ねぎと豚バラ」の玉ねぎ
- 豆乳…100㎖
- 玉ねぎ…1／2個
- 塩…少々
- 柚子または黒こしょう…適宜
- サラダ油…適宜

■作り方

❶「玉ねぎと豚バラ」の玉ねぎと適量の煮汁を入れ、ミキサーにかける。煮汁が濃い場合は、炊きだしか昆布だしでのばす。

❷ボウルに移し、豆乳を入れて味を調える。

❸くし形に切った玉ねぎをフライパンで軽くじっくり焼き、塩少々をふり、冷ましておく。

❹②を器に注ぎ、上に③の玉ねぎをのせる。お好みですり柚子をふる。

(!) すり柚子の代わりに黒こしょうを散らしても合います。

(秋) 玉ねぎの煮物や肉じゃがの残りで作れるスープ。玉ねぎのうま味が出た煮汁ごと食べていただける一品です。シンプルながら素材の味を十分に楽しめます。

手作り田楽味噌

■材料
- 白味噌…400g
- 卵黄…8個分
- 砂糖…20～30g
- 酒…600～900㎖
- みりん…少々

■作り方

❶白味噌、砂糖、卵黄、酒、みりんを鍋に入れてごく弱火にかけ、味噌がもとのかたさになるまで練り上げる。

❷①を裏ごしする。ややかたいようであれば、煮切った酒（分量外）を足しながらのばす。

(秋) かために練った田楽味噌に、からしと酢を加えると、からし酢味噌になります。

魚のあらだし

焼きキャベツの魚だし煮

作り方はP50

魚のあらだし

蛸のキャベツソース

作り方はP51

基本の料理

焼きキャベツの魚だし煮

焼きキャベツの歯ごたえ、いぶした香りが溶け込んだスープがたまりません。

■材料（４人分）

- 魚のあらだし…５００mℓ（P16参照）
- キャベツ…１／２個
- 昆布出し…適宜（P10参照）
- 塩…適宜
- 薄口しょうゆ…少々
- ポン酢…適宜

■作り方

❶キャベツは芯ごとくし形に切り、網で焦げ目がつくまであぶる。

❷魚のあらだしを鍋に入れて火にかけ、煮立ったら①を入れる。

❸キャベツの芯に火が通るまで弱～中火でコトコト煮る。塩気が強ければ、昆布だしを入れて薄め、塩気がたりなければ塩を加えて、味を調える。

❹③に薄口しょうゆを加える。

❺器に盛り付け、煮汁をたっぷりかける。お好みでポン酢を添える。

㊙魚のあらだしは、だしを取る魚によって塩気が変わってきます。その都度味をみながら、しょっぱいようであれば、昆布だしや水でのばして味を調えましょう。

アレンジレシピ

蛸のキャベツソース

焼きキャベツをさわやかなドレッシング風のソースに。ほどよい酸味がお口をさっぱりさせてくれます。

■材料（4人分）

- 基本の料理「焼きキャベツの魚だし煮」
- 酢…適量
- 濃口しょうゆ…少々
- ゆでタコ…80g

下ゆでし、昆布だしにつける（P22参照）

- ブロッコリー…1／4個

■作り方

❶「焼きキャベツの魚だし煮」を冷ましてミキサーにかける。

❷①をボウルに移し、酢と濃口しょうゆを入れてかき混ぜる。

❸②を器にたっぷりと入れ、食べやすい大きさに切ったタコとブロッコリーをのせる。

㊙ キャベツをあぶらず、そのまま魚のあらだしで炊いてもいいのですが、ミキサーにかけてソースにしたとき、あぶったときの焦げが何ともいえない香ばしさをプラスしてくれます。まさに「いぶしキャベツソース」。

㊙ 葉がやわらかくて甘いキャベツに、魚のあらだしの塩気が絶妙に合います。キャベツは芯ごと料理できるのでムダがありません。

炊きだし

茄子の煮浸し

作り方はP54

炊きだし

茄子の冷たいあんかけ素麺

作り方はP54

炊きだし

夏野菜のラタトゥイユ

作り方はP55

基本の料理

茄子の煮浸し

えびの香味が加わることで、ワンランク上の煮浸しが出来上がります。

■材料（4人分）

- 炊きだし…1000㎖（P14参照）
- えびの頭または干しえび…50g
※ペーパータオルまたはガーゼに包む
- なす…5本
- 砂糖…60g
- 濃口しょうゆ…130㎖
- おろししょうが…適量
- サラダ油…適量

■作り方

❶なすの皮を縞状にむく。
❷フライパンに油をひき、なすの表面をまんべんなく焼く。
❸②をペーパータオルに取り、余分な油を取る。
❹鍋に③と炊きだし、えびの頭を入れ、ひと煮立ちしたら、砂糖、濃口しょうゆを加え、なすにスッと竹串が通るまで煮る。味を調えて、しっかりと冷ます。
❺④を食べやすい大きさに切り、器に盛り付け、おろししょうがを添える。

秋 なすの煮汁を少し煮詰め、卵を落とすと、コクのある卵とじができます。ご飯にかければ、なす丼物の出来上がり。

アレンジレシピA

茄子の冷たいあんかけ素麺

旬のなすは多めに煮浸しにして、翌日はあまった煮汁で素麺にするのがおすすめです。冷たいあんが清涼感たっぷり。ツルンとした喉ごしも楽しめます。

■材料（4人分）

- 基本の料理「茄子の煮浸し」の煮汁…200㎖
- 基本の料理「茄子の煮浸し」のなす…1本分
- 青とうがらし…1／2本
- 湯むきトマト…1／2個
- ゆでえび…4尾
- 素麺…2束
- 水溶き葛粉または片栗粉…適量
- 酢…適量
- レモン汁…適量
- 柚子…適宜

■作り方

❶「茄子の煮浸し」の煮汁を鍋に入れて火にかけ、濃い口しょうゆ、砂糖（分量外）で味を調える。
❷水溶き葛粉または片栗粉でとろみをつける。
❸②を冷まし、酢、レモン汁を加える。
❹青とうがらしはゆがいて冷水にさらす。
❺ゆがいた素麺に、食べやすい大きさに切った「茄子の煮浸し」のなす、トマト、えび、青とうがらしをのせ、③をかける。お好みですり柚子をふる。

アレンジレシピB

夏野菜のラタトゥイユ

だしで煮込むので、とてもやさしい味わい。ゴロゴロ野菜をたっぷり食べられます。

■材料（4人分）

・基本の料理「茄子の煮浸し」の煮汁…200㎖
・基本の料理「茄子の煮浸し」のなす…1本分
・湯むきトマト…1／2個
・青とうがらし…4本
・ズッキーニ…1／2本

■作り方

❶「茄子の煮浸し」の煮汁を昆布だしか水（分量外）でのばし、鍋に入れて煮立たせる。
❷トマト、青とうがらし、ズッキーニを角切りにし、①に入れる。
❸ひと煮立ちしたら、「茄子の煮浸し」のなすを角切りにして入れる。
❹野菜にまんべんなく火が通るまで煮る。

秋 炊きだしにあぶったえびの頭、または干しえびを入れると、濃厚でコクのあるだしが取れます。だしを吸ったなすはコックリと美味。

なすに限らず、いろいろな野菜の煮汁が残れば作ってみましょう。具の野菜は火の通りやすいものであれば、お好みで入れてもいいでしょう。

夏

貝のだし

夏野菜の冷たいきゅうりあんかけ焼きおにぎり添え

作り方はP58

貝のだし

きゅうりとイカの炒め煮

作り方はP58

貝のだし

きゅうりドレッシング

作り方はP59

炊きだし

玉ねぎドレッシング

夏野菜の冷たいきゅうりあんかけ 焼きおにぎり添え

焼き野菜にきゅうりのあんを加えることで、夏らしいさわやかな一品に仕上がります。焼きおにぎりを添えると、だしのうま味を余すことなく楽しめます。

■材料（4人分）

・貝のだし…200㎖（P18参照）
・トマト…1個　・なす…2本
・玉ねぎ…1個
ⓐ・サラダ油、塩…各少々
・きゅうり…1本
・昆布だし…適量（P10参照）
・ご飯…お好みの分量
・水溶き葛粉または片栗粉…適宜
ⓑ・塩、薄口しょうゆ…各少々
・レモン汁…適量
・みょうが…適量
・サラダ油…適量

■作り方

❶トマトはくし形に切り、塩をまぶしてグリルで焼く。
❷フライパンに油をひき、なすを焼く。
❸玉ねぎをスライスし、ⓐの調味料であえて、電子レンジでしんなりするまで加熱して冷ます。
❹きゅうりを熱湯にくぐらせ、氷水で冷やす。千切りにし、塩少々（分量外）を加えた昆布だしにつける。
❺フライパンに油をひき、一口大のおにぎりをこんがりと焼く。
❻鍋に貝のだしを入れて火にかけ、水溶き片栗粉でとろみをつけ、しっかり水気をきった④を加えて、ⓑの調味料で味を調える。ひと煮立ちしたら、ボウルに移して、氷水で冷やす。冷めたらレモン汁を加える。
❼器に①、食べやすい大きさに切った②を並べ、③をのせて、千切りにしたみょうがを散らす。⑤を添えて⑥をかける。

きゅうりとイカの炒め煮

貝のだしと魚醤《ぎょしょう》が、淡白な味のきゅうりを濃厚に仕上げます。

■材料（4人分）

・あさり貝のだし…小さじ2（P18参照）
・イカの下足…35g
・きゅうり…70g
・酒…少々
・魚醤（ナンプラー）…小さじ1
・サラダ油…適量

■作り方

❶イカは食べやすい大きさに切り、きゅうりは千切りにする。
❷フライパンに油をひいて、きゅうりを炒める。
❸イカを入れ、火が通ったら酒、貝のだし、魚醤を加える。
❹きゅうりがしんなりしたら火を止める。

きゅうりドレッシング

貝類や甲殻類との相性が抜群。さわやかな味わいで、酢でしめた魚とも合います。

■材料（4人分）

- 貝のだし…大さじ3（P18参照）
- きゅうり…1本

ⓐ
- 煮切った酒…大さじ1
- レモン汁…小さじ2〜3
- 塩、薄口しょうゆ…各少々

■作り方

❶きゅうりは熱湯にくぐらせ、緑色が鮮やかになったら氷水に入れて冷やす。

❷①をすりおろし、貝のだしとⓐの調味料をすべて加えてよく混ぜる。

秋 きゅうりは生食すると、ほかの野菜の栄養成分を壊すことがあるので、必ず熱湯にくぐらせてから使いましょう。

玉ねぎドレッシング

玉ねぎの甘みにだしのうま味が加わったまろやかドレッシングです。野菜とよく合います。

■材料（4人分）

- 炊きだし…50〜70mℓ（P14参照）
- 玉ねぎ…1個

ⓐ・サラダ油、塩…各少々

【調味料】

ⓑ
- レモン汁…大さじ2
- 酢…少々
- 薄口しょうゆ…少々

■作り方

❶玉ねぎをスライスし、ⓐの調味料であえる。

❷①に炊きだしを加え、電子レンジでしんなりするまで加熱したあと、冷ます。

❸②をミキサーにかけてボウルに移し、ⓑの調味料で味を調える。玉ねぎの甘みが弱かったら砂糖をひとつまみ（分量外）加える。

秋 スライスしてサラダで食べるには、辛く感じる玉ねぎも、電子レンジで加熱するとおいしく食べられます。

炊きだし

温かい鶏じゃが

作り方はP62

炊きだし

冷たい鶏じゃが

作り方はP63

基本の料理

温かい鶏じゃが

じゃがいもにだしが染み込み、ほっこりとした味わいに。鶏肉との相性も抜群です。

■材料（4人分）

- 炊きだし…500~600㎖（P14参照）
- 鶏もも肉…80g
- 新じゃがいも…小8~10個
- みりん…大さじ5
- 薄口しょうゆ…大さじ2
- 濃口しょうゆ…大さじ1~2

> 下ゆでし、昆布だしにつける（P22参照）
> - モロッコいんげん…適量

- サラダ油…適量
- 和がらし…適宜

■作り方

❶フライパンに油をひき、鶏肉の皮を下にしてフライパンに押し当て、こんがりと焼き目をつける。焼き目がついたら一口大に切る。

❷じゃがいもは皮をむいて鍋に入れ、炊きだしを入れて煮立たせる。

❸①を入れてひと煮立ちさせてアクを取ったら、みりん、薄口しょうゆ、濃口しょうゆを加え、じゃがいもがやわらかくなるまで煮る。

❹器に盛り付け、モロッコいんげん、お好みで和がらしを添える。

秋 肉じゃがといえば豚肉か牛肉ですが、鶏肉を使うとさっぱりと仕上がります。鶏のだしがたっぷり出るので、あれこれ食材を入れなくてもしっかりとしたおかずに。

アレンジレシピ

冷たい鶏じゃが

じゃがいもをペースト状にし、ソースのようにするだけで、鶏じゃがが洋風テイストの一品になります。

■材料（4人分）

- 基本の料理「あったかい鶏じゃが」の煮汁…200㎖
- 基本の料理「あったかい鶏じゃが」のじゃがいも4個分
- 炊きだし…適量
- 牛乳または豆乳…適宜
- にんじん…1／2本
- 鶏もも肉…80g
- 玉ねぎ…1／2個
- 塩…少々　・青ねぎ…適量
- 粒マスタード…適宜
- サラダ油…適量

■作り方

❶「あったかい鶏じゃが」のじゃがいもと煮汁に、炊きだしを少量入れ、ミキサーにかける。お好みで牛乳や豆乳を加える。

❷にんじんは一口大に切り、ほどよいやわらかさになるまで電子レンジで加熱したあと、油をひいたフライパンで軽く焼き、塩少々をふる。

❸鶏肉は一口大に、玉ねぎはくし形に切り、油をひいたフライパンで火が通るまで焼き、塩少々をふる。

❹器に①を敷いて②、③をのせ、刻んだねぎ、粒マスタードを添える。

秋　じゃがいもは、実は〝イモ〟ではないことをご存知でしょうか。山芋と里芋は「イモ科」に属しますが、じゃがいもは「なす科」に属しています。つまり、なすの根っこがじゃがいも、というわけですね。

夏

炊きだし

とうもろこしの冷製スープ

作り方はP66

炊きだし

とうもろこしと苦瓜のかき揚げ

作り方はＰ67

とうもろこしの冷製スープ

とうもろこしと白味噌の甘みが舌の上に広がります。濃厚なのに喉ごしはスルリ。

■材料（4人分）

- 炊きだし…400mℓ（P14参照）
- 鶏皮…1枚
- とうもろこし（実のみ）…250g
（ペースト状の缶詰でもよい）
- とうがらし…8本
- 白味噌…30〜40g
- 豆乳…適量
- 砂糖…適宜　・からし…少々

■作り方

❶とうもろこしはゆでる。冷めたら、実を取りミキサーでなめらかにつぶす。

❷とうがらしは焼き色がつくまでグリルで焼く。

❸鍋に炊きだしと鶏皮を入れ、中火で約10分煮たあと、鶏皮を取り出す。

❹弱火にして③に味噌を溶き入れ、そのまま数分煮たあと、冷ましてから①を加える。

❺味をみて、濃ければ昆布だしか水（分量外）を入れ、豆乳で味を調える。とうもろこしの甘みが足りないときは、砂糖を加える。

❻お好みでからしを加える。

❼器にスープを盛り、②を添える。

とうもろこしと苦瓜のかき揚げ

ゴーヤの苦みととうもろこしの甘みが調和し、うまだしとおいしくいただけます。この組み合わせは、炒め物にもおすすめ。黄と緑の彩りも楽しめます。

■材料（4人分）

【かき揚げ】
- ゴーヤ…1／2本
- とうもろこし…1／2本
- うまだし…適量（下記参照）
- 揚げ油…適量

【天ぷらの衣】（作りやすい分量）
- 薄力粉…120g
- 卵黄…小1個分
- 冷水…200㎖

■作り方

❶薄切りにしたゴーヤは塩（分量外）をまぶして苦みを取る。塩がまわりすぎたら水にさらす。

❷①の水気を切り、とうもろこし（実のみ）とともに薄力粉（分量外）をまぶす。

❸「天ぷら衣」の材料を混ぜ合わせて②につけて、170℃の油でカラリと揚げる。うまだしを添える。

秋 うまだしが余ったら、めんつゆや丼のつゆに。万能なので何にでも使えます。

うまだし

■材料（4人分）
- 炊きだし…350㎖（P14参照）
- みりん…100㎖
- 追いがつお…ひとつかみ
- 差し昆布…3～5g
- 濃口しょうゆ…100㎖

■作り方

❶鍋にみりんを入れ、アルコールが飛ぶまで煮立たせる

❷炊きだしを入れ、追いがつおをひとつかみ入れる。さらにコクを加えたい場合は、差し昆布を入れる。

❸濃口しょうゆを入れ、軽くグラグラ煮立ったら火を止める。

❹冷めたらペーパータオルでこします。

炊きだし

しめじとろろにゅう麺

作り方はP70

炊きだし

きのこと芋茎の酢の物

作り方はP70

炊きだし

モロヘイヤといくらのだしポン酢丼

作り方はP71

しめじとろろにゅう麺

「煮る麺」からきているにゅう麺。そうめんをだしで煮立たせるのがおいしさの秘けつです。

■材料（4人分）

- やや濃いめの炊きだし…600〜800mℓ（P14参照）
- 鶏皮…1枚

ⓐ
- 薄口しょうゆ…小さじ1
- 塩…少々

- 山芋…260g
- しめじ…160g

ⓑ
- 酒…大さじ3
- 炊きだし…500mℓ（P14参照）
- 塩…小さじ1
- 薄口しょうゆ…小さじ2

- 素麺…2束
- 三つ葉…適量
- 柚子…適宜

■作り方

❶山芋をすりおろす。
❷鍋にしめじとⓑの酒を入れ、アルコールが飛ぶまで煮立たせ、ⓑの炊きだし、塩、薄口しょうゆを入れる。
❸別の鍋にやや濃いめの炊きだしと鶏皮を入れて煮る。鶏皮を取り出し、ⓐの調味料を加える。
❹②をあたため直しかためにゆでた素麺を入れ、ひと煮立ちさせる。
❺素麺としめじを取り出し、器に盛り付ける。
❻③に①を加えて、塩、薄口しょうゆ少々（分量外）で味を調える。
❼⑤に⑥をかけて、三つ葉を添える。お好みですり柚子をふる。

きのこと芋茎の酢の物

酢の代わりにすだちを使った酢の物です。だしの味とあいまって上品。

■材料（4人分）

- 炊きだし…150〜200mℓ（P14参照）
- 酒…大さじ2
- 薄口しょうゆ…小さじ1
- 塩…少々
- 芋茎《ずいき》（ゆでたもの）…60g
- 椎茸…小2枚

下ゆでし、昆布だしにつける（P22参照）
- モロヘイヤ…1／2束

- すだち…1〜2個

■作り方

❶鍋に酒と食べやすい長さに切った芋茎を入れてアルコールが飛ぶまで煮立たせたあと、炊きだし、薄口しょうゆ、塩を

入れてひと煮立ちさせる。

❷①に薄切りにした椎茸を入れ、火が通るまで煮る。

❸ボウルに移し氷水で冷ます。冷めたらすだちをしぼり塩、薄口しょうゆ少々（分量外）で味を調える。

❹器に芋茎、椎茸、食べやすい長さに切ったモロヘイヤを盛り付け、③のだしを入れて、薄切りのすだちを添える。

モロヘイヤといくらのだしポン酢丼

モロヘイヤといくらの食感が食欲をそそります。だしポン酢が味の決め手。

■材料（4人分）

下ゆでし、昆布だしにつける（P22参照）

- モロヘイヤ…1束
- 長芋…100g
- いくら…100g
- ご飯…2合
- 海苔の佃煮…適量
- おろしわさび…適量
- だしポン酢…適量（下記参照）

■作り方

❶モロヘイヤを包丁でたたき、ねばりを出す。

❷長芋をたんざくに切る。

❸器にご飯を入れ、①、②、いくら、海苔の佃煮をのせ、わさびを添え、だしポン酢をかけていただく。

秋 海苔が湿気ってしまったら、ちぎって水でふやかし、しょうゆを加えて練れば、簡単に海苔の佃煮ができます。風味が足りない場合はみりんを加える。

だしポン酢

■材料（作りやすい分量）

- 炊きだし…100㎖（P14参照）
- レモン汁…大さじ2
- 濃口しょうゆ…大さじ2
- 砂糖…小さじ1弱

■作り方

材料をよく混ぜ合わせる。

秋 だしとレモンで作る、酢を使わない「だしポン酢」は、普通の酢の物より、さっぱりとしてさわやか。ちょっと贅沢な味わいになります。

炊きだし

秋の芋たこなんきん

作り方はP74

炊きだし

焼き里芋

作り方はP75

基本の料理

秋の芋たこなんきん

だしの染みた里芋に、甘辛いかぼちゃとタコを合わせた、秋を感じさせてくれる一品です。

■材料（4人分）

・炊きだし…500〜600ml（P14参照）

—ⓐ—

・酒…大さじ3　・みりん…160ml

・薄口しょうゆ…少々

・塩…小さじ1

・里芋…8個

・かぼちゃ…小1／4個

・ゆでタコ…80g

—ⓑ—

・酒…少々　・みりん…大さじ3

・濃口しょうゆ…大さじ3

・たまりじょうゆ…少々

・砂糖…少々

下ゆでし、昆布だしにつける（P22参照）

・さやいんげん…適量

・柚子…適量

■作り方

❶里芋は皮をむいて水にさらしたあと、水気をきっておく。

❷圧力鍋に①を入れ、炊きだし、ⓐの調味料を合わせ、圧力がかかったら、火を止める。圧力が抜けたらふたをあけ、竹串がスッと通るか確認する。

❸かぼちゃは一口大に切り、竹串が通るまで電子レンジで加熱する。

❹ゆでタコは一口大に切る。

❺フライパンでかぼちゃに焼き目をつけて、ⓑの酒、みりんを入れて煮立たせたら、濃口しょうゆ、たまりじょうゆ、砂糖を入れる。

❻ゆでタコを加え、煮汁をからませる。

❼②を温め直し、⑥といっしょに器に盛り付ける。さやいんげんと千切りにした柚子を添える。

秋 生タコを使う場合は、いったん冷凍し、それを解凍すると、タコの身がやわらかくなります。

アレンジレシピ

焼き里芋

焼くだけで里芋のうま味が増します。一度だしで炊いてあるので、焼き時間も短くてラクチン。

■材料（4人分）

・基本の料理「秋の芋たこなんきん」の里芋…4個
・片栗粉…適量
・サラダ油…適量
・だしポン酢…適宜（P71参照）
・塩又はレモン、田楽味噌（赤味噌系）…適宜

■作り方

❶「秋の芋たこなんきん」の里芋を食べやすい大きさに切る。
❷①に片栗粉をまぶし、油をひいたフライパンで焼く。
❸器に盛り、塩とレモンを添える。

※塩とレモンの代わりに、田楽味噌、だしポン酢を添えてもおいしい。

秋 だしを含ませた里芋は、焼くと香ばしさが加わって、また別のおいしさが生まれます。炊いた里芋が余ったら、次の日にはぜひ焼き里芋に。

炊きだし

大根の炊いたん

作り方はP78

炊きだし

大根もち

作り方はP78

炊きだし

ぶりの塩焼き大根ソース

作り方はP79

基本の料理

大根の炊いたん

鶏皮を入れることでコクが加わり、しっかりとした味に。シンプルですが主菜になる一品です。

■材料（4人分）

- 炊きだし…500～800mℓ（P14参照）
- 鶏皮…1枚
- 差し昆布…3～5g
- 大根…1／2～1／3本
- みりん…大さじ2～3
- 薄口しょうゆ…小さじ1
- 濃口しょうゆ…少々
- 柚子…適量

■作り方

❶大根は皮をむいて2cm程度の厚さに切り、面取りする。

❷大根を鍋に入れ、炊きだしと鶏皮、差し昆布を入れて煮る。

❸大根が少しやわらかくなったら、みりんを入れてしばらく煮る。

❹薄口しょうゆを入れ、味見しながら濃口しょうゆを入れて味を調える。

❺竹串が通るくらいまで煮たら火から下ろし、鍋のまま冷まして味を含ませる。

❻食べる直前に温め直し、大根を器に盛り付けて千切りにした柚子の皮を添える。

アレンジレシピA

大根もち

大根の皮やしっぽを利用した料理です。焼くことで香ばしさが加わり、大根の風味も立ちます。

■材料（4人分）

- 基本の料理「大根の炊いたん」の煮汁…120mℓ
- 大根…350g（「大根の炊いたん」を作るときに余ったしっぽ、皮、面取り後のヘタなど）

─ⓐ─
- 片栗粉…60g
- 砂糖…15g
- 塩…少々

- 水溶き片栗粉…大さじ2
- サラダ油…適量
- 水菜…適量
- 七味…適宜

■作り方

❶大根のしっぽ、皮、面取り後のヘタなどをミキサーにかける。量が足りなければ大根本体も加える。

❷①をザルに上げて水気をきり、ⓐの調味料を加え、耳たぶくらいのかたさになるまで混ぜる。ラップに包んで電子レンジ（500w・30秒～1分くらい）で温める。こねて、再び温める。火が通って、粉っぽさが無くなるまで、くり返す。

❸②の表面に片栗粉（分量外）をまぶし、手で棒状に伸ばしたあと、3cm間隔に切って手で丸める。

❹フライパンに多めの油をひき、③をこんがりと焼く。焼けたらペーパータオルに取り、余分な油を吸い取る。

❺鍋に「大根の炊いたん」の煮汁を温め、水溶き片栗粉を入れてとろみをつけて、みりん、薄口しょうゆ各少々（分量外）で味を調る。食べやすい長さに切った水菜を散らす。

❻④を器に盛り付け、⑤をかける。お好みで七味をふる。

秋 「大根もち」に添える水菜は、新鮮なものなら生のまま、少しかたければさっとゆでて昆布だしにつけたものを入れると、手際よくお料理できます。

アレンジレシピB

ぶりの塩焼き大根ソース

大根に白味噌と酒粕が溶け合ってまろやかなソースに。口の中でぶりの粕漬けが完成します。

■材料（4人分）

- 基本の料理「大根の炊いたん」の煮汁…適量
- 基本の料理「大根の炊いたん」の大根…2切
- 酒粕…少々
- 白味噌…少々
- ⓐ・塩、薄口しょうゆ…各少々
- ぶりの切り身…4切
- サラダ油…適量
- 白ねぎ…適量
- 水菜…適量
- 柚子…適量

■作り方

❶「大根の炊いたん」の煮汁と大根をミキサーにかける。

❷酒粕を水（分量外）でふやかす。

❸鍋に①を入れて火にかけ、②と白味噌を加えてひと煮立ちさせⓐの調味料で味を調える。

❹ぶりは塩（分量外）をまぶし、グリルで焼く。

❺白ねぎに油を塗って塩（分量外）をふり、グリルでこんがりと焼く。

❻器に④と⑤を盛り付け、③をかける。

❼水菜とすり柚子を添える。

炊きだし ＋ 魚のあらだし

揚げ鯛の
かぶらみぞれがけ

作り方はP82

貝のだし

ねぎのスープ
貝だし

作り方はP83

炊きだし

ねぎのスープ
鶏だし

作り方はP[illegible]

揚げ鯛の
かぶらみぞれがけ

京料理の鯛かぶらのアレンジです。カラリと揚げた鯛の身に、すりおろしたかぶらが、よく絡みます。あっさりとした中に、深い味わいがあります。

■材料（4人分）

- 炊きだし…100〜150㎖（P14参照）
- 魚（鯛）のあらだし…100㎖（P16参照）
- 鯛の切り身…4切

ⓐ・塩、薄口しょうゆ…各少々

- かぶら…1／2〜1／3個

ⓑ・酒、塩、薄口しょうゆ…各少々

- 揚げ油…適量

- 小松菜…1／2束
  下ゆでし、昆布だしにつける（P22参照）

- 柚子…適宜

■作り方

❶鯛に切れ目を入れ、軽く塩（分量外）をふる。小麦粉（分量外）をまぶして180℃の油でカラリと揚げる。

❷魚のあらだしと炊きだしを鍋に入れて火にかけ、沸騰したらⓐの調味料で下味をつける。

❸かぶらをすりおろす（かぶらがかたい場合は、皮をむいてから）。

❹③を②に入れ、ひと煮立ちさせたらⓑの調味料で味を調える。

❻器に①の鯛と一口大に切った小松菜を盛り付け、④を注ぐ。お好みであられ状に細かく切った柚子を添える。

ねぎのスープ

あさりのほんのりした甘み、鶏のしっかりしたコクに、ねぎの自然な甘みが絡みます。

【貝だしスープ】

■材料（4人分）

・貝のだし…300〜400㎖（P18参照）
・青ねぎの白い部分…60g
・青ねぎの青い部分…1／2本
ⓐ・塩、薄口しょうゆ…各少々
・白ねぎ…適宜
・サラダ油…適量
・黒こしょう…適量

■作り方

❶青ねぎの白い部分をみじん切りにする。
❷フライパンに油を少なめにひき、①をしんなりするまで炒める。
❸鍋に貝のだしを入れ、②と刻んだ青ねぎの青い部分を加え、ひと煮立ちさせⓐの調味料で味を調える。
❹お好みでグリルでこんがり焼いた白ねぎを加え、黒こしょうをふる。

【鶏だしスープ】

■材料（4人分）

・炊きだし…500㎖（P14参照）
・鶏皮…1枚
・青ねぎの白い部分…60g
・青ねぎの青い部分…1／2本
ⓑ・塩、薄口しょうゆ…各少々
・しょうが汁…適量
・白ねぎ…適宜
・サラダ油…適量

■作り方

❶炊きだしに鶏皮を入れて煮たあと、鶏皮を取り出す。
❷みじん切りにした青ねぎの白い部分を油でしんなりするまで炒め、刻んだ青ねぎの青い部分を加え、ⓑの調味料としょうが汁で味を調えながら煮る。
❸お好みで、グリルでこんがり焼いた白ねぎを加える。

秋 京野菜の九条ねぎを使うと、香り豊かに仕上がります。小さな器に少しずつ注いで一口スープにして出すと、ちょっとしたごちそうに。

炊きだし

水菜とお揚げの炊いたん

作り方はP86

炊きだし

お餅と大根おろし

作り方はP86

炊きだし

焼き穴子と白菜の煮物

作り方はP87

基本の料理

水菜とお揚げの炊いたん

油揚げだけでもおいしいのですが、鶏皮を加えるだけで、ぐっとうま味が増します。豚肉でもおいしく作れます。

■材料（4人分）
・炊きだし…300～400㎖（P14参照）
・鶏皮…1枚
・油揚げ…1／2～1／3枚
・水菜…1／2束
・みりん…大さじ1
・薄口しょうゆ…小さじ1
・塩…ひとつまみ
・柚子…適量

■作り方
❶炊きだしに鶏皮を入れて煮たあと、鶏皮を取り出す。
❷油揚げは油抜きして細切りにし、水菜は食べやすい大きさに切る。
❸①に油揚げを加えて沸騰したら、みりん、薄口しょうゆ、塩を入れて味を調える。そのまま5分ほどコトコト煮て、油揚げにだしを染み込ませる。
❹水菜を加えてひと煮立ちさせたあと、器に盛り付け、お好みで千切りにした柚子を添える。

アレンジレシピ

お餅と大根おろし

お雑煮にさっぱりとした大根おろしが入ったような一品。大根の自然な甘みが広がります。

■材料（4人分）
・基本の料理「水菜とお揚げの炊いたん」…適量
・丸餅…2個
・大根…1／4本
・塩…少々
・薄口しょうゆ…少々
・みりん…適量
・七味…適宜

■作り方
❶丸餅は4等分にきって、オーブントースターでこんがり焼く。大根はおろして、ザルに上げて軽く水気をきっておく。
❷「水菜とお揚げの炊いたん」を鍋に入れて火にかけ、大根おろしを加えて塩、薄口しょうゆ、みりんで味を調える。
❸ひと煮立ちしたら器に盛り付け、お好みで七味をふる。

焼き穴子と白菜の煮物

焼き穴子から香ばしいだしが出て、あっさりとした白菜やほうれん草に染みます。

■材料（4人分）

- 炊きだし…400〜500㎖（P14参照）
- 焼き穴子…4尾
- 白菜…小1／4株
- みりん…大さじ2
- 薄口しょうゆ…小さじ2
- 塩…少々

下ゆでし、昆布だしにつける（P22参照）
- ほうれん草…1束

- 山椒または七味…適宜

■作り方

❶焼き穴子はグリルで温め直し、頭と身で切る。

❷鍋に炊きだしと穴子の頭を入れて火にかけ、中火で10〜15分煮たあと、ペーパータオルを敷いたザルでこす。（穴子の頭をだしパックに入れて煮ると、ザルでこす手間が省けます）

❸②を鍋に入れて再び火にかけ、沸騰したら一口大に切った白菜を加え、みりん、薄口しょうゆ、塩で味を調える。

❹白菜に火が通るまでコトコト煮たあと、食べやすい長さに切ったほうれん草を加えてひと煮立ちさせる。

❺食べやすい大きさに切った焼き穴子と④を器に盛り付け、煮汁をかける。お好みで山椒または七味をふる。

秋 だしパックはとても便利なグッズ。いろいろなだしの素材を入れて使うことができます。料理の手間を省きたいときに重宝します。

冬

炊きだし

秋山ブレンド絶品だしおでん

作り方はP90

秋山ブレンド
絶品だしおでん

だしをブレンドすることでより濃厚に。具材にしっかりとした味が染み込みます。

■材料（4人分）

- 炊きだし…2000㎖（P14参照）
- 秋山流だしパック…1パック（P91参照）
- 差し昆布…5～8g
- じゃがいも…中3～4個
- 大根…1／2本
- 厚揚げ…2枚
- ちくわ…4本
- 平天…4枚
- 卵…4個
- 赤こんにゃく…1／2枚
- 手羽先…4本
- 濃口しょうゆ…大さじ1
- 薄口しょうゆ…大さじ3～4
- みりん…大さじ4～5
- サラダ油…適量
- うどん…2玉
- からし…適宜

■作り方

❶じゃがいもは皮をむき水にさらしておく。大根は皮をむいて2㎝くらいの厚さに切って面取りする。厚揚げは油抜きして1／2～1／4に切り、ちくわと平天は半分に切る。卵は固ゆでにする。赤こんにゃくは食べやすい大きさにちぎって水からゆで、沸騰したらザルに上げて水切りする。手羽先はフライパンに油をひき、表面に焼き色がつくまで焼く。

❷炊きだしを鍋に入れ、だしパック、差し昆布を加える。

❸②に大根を入れて火にかけ、大根が透き通ったらその他の具材を加え、みりんを入れて10分ほど煮る。

❹薄口しょうゆ、濃口しょうゆを加えたあと、大根に竹串がスッと通るまで中火でコトコト煮る。

❺火を止めてそのまま冷まし、味を含ませる。食べるときに再度温め直し、お好みでからしをつける。

秋 ゆでたうどんにおでんだしをかけて食べると、また違った味わいを楽しめます。あんかけにするのもおすすめです。

秋山流だしパック

万能だしともいえる炊きだしに、ちょっと強めの味をつけたいときは、いりこ、干し椎茸を入れただしパックを加えるのがおすすめです。

■材料（作りやすい分量）

・いりこ（頭とわたを取ったもの）…30〜40ｇ
・干し椎茸…２枚
・差し昆布…５ｇ

《うんちく》
だしパックに入れる干し椎茸は、軸の部分だけでもＯＫ。濃くて良いだしが取れます。

炊きだし＋魚のあらだし

かぶら蒸し鍋

作り方はP.94

かぶら蒸し鍋

1人前ずつ作るよりも、鍋にすれば気軽に作れます。魚のあらだしの代わりに鶏だしを使っても美味しく仕上がります。

■材料（4人分）

- 炊きだし…800㎖（P14参照）
- 魚（鯛）のあらだし…200㎖（P16参照）

ⓐ
- かぶら…2個
- 水菜…少々
- 卵白…1個分
- 塩…少々

ⓑ
- サワラの切り身…切
- 白菜…1／4株
- お好みのきのこ…1パック
- 水菜…束
- 豆腐…1丁
- 白ねぎ…1本

ⓒ
- 塩、薄口しょうゆ…適量

- ポン酢…適宜

■作り方

❶材料ⓐのかぶらはすりおろし、水菜は細かく切る。卵白はボウルに入れ、泡立て器で角が立つまで泡立てる。

❷すりおろしたかぶらに、卵白、塩を加え、泡立て器でよく混ぜ、ラップを敷いたバットにあけて表面を平らにならす。

❸水菜を散らし、蒸し器で4～5分蒸す。

❹ⓑの具材は、食べやすい大きさに切る。

❺土鍋に炊きだし、魚のあらだしを入れて火にかけ、ⓒの調味料で味を調える。

❻④の具材を火の通りにくいものから順に入れて煮る。

❼具材に火が通ったら③をのせ、崩しながら食べる。お好みでポン酢を添える。

秋 水菜の代わりにゆでたふきのとうを加えると、初春の良い香りがふわりと広がります。季節に合わせて具材をかえてみてください。

だしをとったあとのかつお節と昆布の

活用ワザ①

昆布の佃煮

だしがらの昆布で作った佃煮。

■材料（4人分）

・だしをとったあとの昆布…200g
・水…150㎖
※圧力鍋を使う場合や、昆布がかたい場合は水を足す。
・実山椒…5g
・みりん…大さじ3
・酒…大さじ3〜4
・濃いくちしょうゆ…大さじ2〜3
・たまりじょうゆ…大さじ2

■作り方

❶だしを取ったあとの昆布（かつお節がついていれば洗い流す）は、約2㎝の角切りにする。
❷昆布がかたい場合は、圧力鍋で2、3分加熱する。
❸昆布が十分やわらかくなっていれば、鍋に移し、実山椒と分量の調味料を加え、炊く。

秋 日もちさせたい場合は、一気に炊かずに、途中で火を止めて、何度かに分けて炊きましょう。

だしをとったあとの かつお節と昆布の 活用ワザ②

まかないハンバーグ

かつおの香りがふんわり漂います。
あっさり味なので何個でも食べられます。

■材料（４人分）

- だしを取ったあとのかつお節…２５０ｇ
- 魚のすり身（合い挽き肉でも可）…１５０ｇ
- 残り野菜…１５０ｇ（ねぎ、大根、にんじん、トマト、玉ねぎなど）
- サラダ油…50ｇ
- 片栗粉…50ｇ
- 薄力粉…適量
- 好みのソース（トマトケチャップやポン酢など）…適量

■作り方

❶フードプロセッサーにかつお節を入れて細かく刻み、残り野菜、魚のすり身、サラダ油、片栗粉の順に加え、すべてがなめらかになるまで混ぜる。
❷ハンバーグの形に整え、両面に薄力粉をまぶす。
❸フライパンに油をひき、②を焼く。片面に焼き色がついたら裏返してふたをする。
❹両面がしっかり焼けたら、好みのソースでいただく。

第二章

晴れの日

おめでたい日やお祝いの席に
さりげなく並ぶ「晴れの日の料理」。
贅沢な素材から出るだしは、
滋味や香味が格別です。
食べる人の心まで満たしてくれる美味を、
みなさんで。

炊きだし

和風トムヤムクン

和だしで作るトムヤムクン。えびの濃厚なうま味と香りを楽しめます。

■材料（4人分）

・炊きだし…600〜800㎖（P14参照）
・えび…8尾
・お好みのきのこ…120g
・青菜…1束
・豆腐…1／2丁
・新しょうが…適量
・レモングラス…5g
・米味噌…20〜25g
・白味噌…5g
・砂糖…ひとつまみ
・みょうが…適量
・新しょうが…適量
・すだちまたはレモン…適量

■作り方

❶きのこと青菜は食べやすい大きさ、豆腐は4等分に切る。
❷炊きだしを鍋に入れ、グリルでこんがり焼いたえびの頭とレモングラスを入れる。
❸お玉の背でえびの頭をつぶしながら中火で20分ほど煮たあと、ザルでこす。
❹③を再び鍋に入れて火にかける。沸騰したら弱火にして、米味噌と白味噌を溶き入れる。うま味が足りなければ、砂糖ひとつまみを加える。
❺殻がついたままのえびと①を加え、具材に火が通るまでコトコト煮て火を止める。器に盛り付け、薄切りにした新しょうがと、小口切りにしたみょうがを添え、すだちをしぼって食べる。

秋 煮汁が煮詰まったときは、昆布だしや炊きだしでのばしましょう。

炊きだし

鱧と松茸の丼

だしに絡む卵の黄身と松茸の香り、それらをたっぷりと吸ったハモが美味です。

■材料（4人分）

- うまだし…150〜180mℓ（P67参照）
- 松茸…中2本
- 湯引きしたハモ…300〜400g
- 卵…9個
- ご飯…2合分

■作り方

❶松茸は汚れを落として適当な大きさに切る。卵は白身と黄身に分け、それぞれざっくりと溶いておく。

❷鍋にうまだしと松茸を入れて弱火にかけ、松茸に火が通ったら、湯引きしたハモを加える（煮汁が少なければ、炊きだしを加える）。

❸ハモが温まったら少しだけ火を強め、卵の白身、黄身の順に加える。

❹箸で切るように混ぜ、卵が好みのかたさになったら火を止め、ご飯の上に盛り付ける。

炊きだし

あん肝味噌汁

あん肝の濃厚さがだしと味噌に溶け、贅沢な風味を放ちます。

■材料（4人分）

- 炊きだし…600~800㎖（P14参照）
- あん肝（好みの魚の肝でも可）…60g
- さばなど、お好みの魚の切り身…4切
- ごぼう…1／2本
- ねぎ…適量
- 麩…8個
- 白味噌…25g
- 赤味噌…15g
- 米味噌…5g

■作り方

❶ごぼうは薄切りにして水にさらす。魚の切り身は食べやすい大きさに切り、塩（分量外）をふっておく。ねぎは小口に切る。

❷あん肝は塩ゆでにして裏ごしする。

❸鍋に炊きだしを入れ火にかけて、ごぼうを入れる。沸騰したら弱火にし、白味噌、赤味噌、米味噌を溶き入れ、②を入れる。

❹ペーパータオルで水気をふいた魚と麩を加え、火が通ったらねぎを散らし、器に盛り付ける。

炊きだし

キャベツ蒸し 鴨ロース

中華料理のトンポーローを思わせる肉に、キャベツのさわやかさが合います。

■材料（4人分）

- 炊きだし…100㎖（P14参照）
- 鴨の手羽先、または鶏皮…100g
- しょうがの皮…適量
- 酒…少々
- 白ねぎ…1／3本
- キャベツ…小1／4個
- 卵白…1／2個分
- 塩…少々
- 鴨ロース肉…400g
- 片栗粉…適量
- みりん…大さじ4
- 濃口しょうゆ…大さじ3
- 砂糖…ひとつまみ
- 水溶き片栗粉…適量
- サラダ油…適量
- 粒マスタード…適量
- 山椒…適量

■作り方

❶炊きだしに鴨の手羽先、しょうがの皮、酒を入れ鴨だしを作る。

❷ねぎは油を塗って塩をふり、グリルでこんがり焼いたあと、食べやすい長さに切る。

❸キャベツはやわらかくなるまでゆで、氷水で冷まし、ミキサーでなめらかになるまでつぶす。卵白をボウルに入れ、泡立て器で角が立つまで泡立てる。

❹別のボウルに③を入れ、軽く塩を振って、ゴムベラなどでさっくりと混ぜる。バットにラップを敷いて流し込み、蒸し器に入れて強火で4分蒸す。

❺フライパンに油を引き、鴨ロースの皮目を下にして焼き色がつくまで焼いたあと、5㎜くらいの厚さに切って片栗粉をまぶす。熱湯に落とし、肉の表面が透き通ってきたら引き上げ、氷水に入れる。冷めたらペーパータオルで水気をきる。

❻鍋にみりんを入れて煮立たせ、①の鴨だしを入れる。みりん、濃口しょうゆと砂糖を入れて煮詰める。

❼⑤の鴨肉を加えてほどよく味を含ませたら、水溶き片栗粉でとろみをつける。器に②と④と鴨肉を盛り付けし、煮汁をかける。粒マスタードと山椒を添える。

炊きだし

カニ雑炊

口元に運んだだけで広がるカニの香り。
しょうがを加えると風味が増します。

■材料（4人分）

- 炊きだし…600〜800㎖（P14参照）
- カニの殻…適量

ⓐ・塩、薄口しょうゆ…各少々

- 冷やご飯…2合分
- カニのむき身…100g
- カニ味噌…大さじ2
- 青ねぎ…適量
- 卵黄…4個分
- しょうが…適宜

■作り方

❶炊きだしとカニの殻を鍋に入れ、10〜15分ほど中火でグツグツ煮たあと、ペーパータオルを敷いたザルでこす。再び火にかけ、煮立ったらⓐの調味料で味を調える。

❷冷やご飯をザルに入れ、流水で洗いながらダマをほぐしたあと、水気を軽くきっておく。

❸①にカニのむき身とカニ味噌、②を入れ、ひと煮立ちしたら斜めに切ったねぎを散らす。器に盛り付けて卵黄1個を落とし、お好みですりおろしたしょうがを添える。

秋 カニの殻に干しえびやえびの頭の焼いたものを加えると、さらに極上の味に仕上がります。

炊きだし

鰻のスクランブルエッグ

だし巻きがうまく焼けない人でも作れる〝巻かないうまき〟。その贅沢版です。

■材料（4人分）

・炊きだし…200㎖（P14参照）
・鶏皮…1枚
ⓐ・塩、薄口しょうゆ…各少々
・水溶き片栗粉…少々
・うなぎの蒲焼き…1尾分
・卵…2個
ⓑ・塩、薄口しょうゆ…各少々

下ゆでし、昆布だしにつける（P22参照）
・モロッコいんげん…4本

・うに…適量
・海苔の佃煮…適量
・わさび…適宜
・ご飯…2合分

■作り方

❶うなぎの蒲焼きはグリルで温め直し、食べやすい大きさに切る。

❷炊きだしと鶏皮を鍋に入れて火にかけ、鶏の皮からだしが出たら鍋から取り出し、ⓐの調味料で味を調え、水溶き片栗粉でとろみをつける。

❸卵をボウルに入れ、炊きだし少量（分量外）を加えてスプーンでよく混ぜ、ⓑの調味料で味を調える。

❹鍋に湯を沸かし、沸騰直前の温度を保ちながら、③を湯せんにかけ、スクランブルエッグを作る。スプーンで絶えず混ぜながら、半熟になったら、火から外す。

❺器にご飯を盛り、①、④、モロッコいんげん、うに、海苔の佃煮を乗せ、②をかける。お好みでわさびを添える。

著者紹介

秋山 直浩（あきやま なおひろ）

「上賀茂 秋山」の店主。「吉兆」で修業を積み、2006年、築80年以上の古民家を改装し、「上賀茂 秋山」をオープン。開店当初から京都の自然に囲まれた、隠れ家的日本料理店として人気を博している。カウンター席のみの割烹スタイルで、来店客の目の前で、秋山氏自ら料理の腕を振るう。京野菜を中心にした旬の食材に複数のだしを自在に使い分け、美味しい料理を作り出す。

上賀茂 秋山
京都府京都市北区上賀茂岡本町 58
TEL: 075-711-5136

本文デザイン　林 コイチ（アジアンプラネット）
装丁デザイン　阪戸 美穂、清沢佳世
撮影 大坊 崇（igotta）
スタイリスト　だいぼう かおり（igotta）
編集協力　高野 朋美、近藤 浩己（おふぃす・ともとも）
校正　原 匡子
編集　フクハラ ミワコ

味に差がつく！ 基本のだし

2015年10月1日　第1版第1刷発行
2016年2月3日　第1版第2刷発行

著　者　秋山　直浩
発行者　安藤　卓
発行所　株式会社ＰＨＰ研究所
京都本部
〒601-8411　京都市南区西九条北ノ内町11
教育出版部　☎ 075-681-8732（編集）
家庭教育普及部　☎ 075-681-8818（販売）
東京本部
〒135-8137　江東区豊洲5-6-52
普及一部　☎ 03-3520-9630（販売）
PHP INTERFACE　http://www.php.co.jp/
印刷所
製本所　図書印刷株式会社

 ISBN978-4-569-82822-0